BEI GRIN MACHT SICH IHR WISSEN BEZAHLT

- Wir veröffentlichen Ihre Hausarbeit,
  Bachelor- und Masterarbeit

- Ihr eigenes eBook und Buch -
  weltweit in allen wichtigen Shops

- Verdienen Sie an jedem Verkauf

Jetzt bei www.GRIN.com hochladen
und kostenlos publizieren

Hinführung zum freien dialogischen Sprechen im Spanischunterricht. Unterrichtskonzept für Niveaustufe A2

Una entrevista de trabajo

Franziska Bonatz

Bibliografische Information der Deutschen Nationalbibliothek:

Die Deutsche Nationalbibliothek verzeichnet diese Publikation in der Deutschen Nationalbibliografie; detaillierte bibliografische Daten sind im Internet über http://dnb.d-nb.de abrufbar.

ISBN: 9783346285898
Dieses Buch ist auch als E-Book erhältlich.

Druck und Bindung: Books on Demand GmbH, Norderstedt Germany
Gedruckt auf säurefreiem Papier aus verantwortungsvollen Quellen

Das vorliegende Werk wurde sorgfältig erarbeitet. Dennoch übernehmen Autoren und Verlag für die Richtigkeit von Angaben, Hinweisen, Links und Ratschlägen sowie eventuelle Druckfehler keine Haftung.

Das Buch bei GRIN: https://www.grin.com/document/921518

Inhaltsverzeichnis

Mut zum Dialog!

Ziel dieses Unterrichtskonzeptes mit dem thematischen Schwerpunkt *Una entrevista de trabajo* ist die Hinführung der Schüler[i] zum freien dialogischen Sprechen. Durchgeführt wurde er in der 12. Jahrgangsstufe eines Beruflichen Gymnasiums auf der Niveaustufe A2.

Jeder möchte gerne frei sprechen, aber die Wenigsten trauen sich!

Jeder kennt das Augenrollen und die Angst der Schüler, wenn es darum geht, frei sprechen zu müssen. Den Schülern dieses Gefühl der Unsicherheit zu nehmen, kommt oberste Priorität zu, denn laut A. Taubenböck läuft Kommunikation zu 95 % gesprochen und nur zu 5 % geschrieben ab[ii]. Ihrer Meinung nach sollte deshalb die Mitteilung und der Redefluss im Vordergrund stehen, ohne auf jeden Fehler zu achten: „message and fluency before accuracy" (Taubenböck 2007: 4). Es handelt sich hierbei offenkundig um ein drängendes Problem. Methodisch stellt sich deshalb die Frage, auf welche Weise die Schüler Unterstützung erhalten können, um ihre Sprachkompetenz zu verbessern. Ein vorstrukturierter Arbeitsbogen könnte dabei hilfreich sein, diese Sorgen und Ängste der Schüler in ein Erfolgsergebnis umzuwandeln.

Im folgenden Absatz soll die Wichtigkeit des dialogischen Sprechens herausgearbeitet werden. Der Europäische Referenzrahmen für Sprachen ordnet das Sprechen den kommunikativen Fähigkeiten zu und teilt es in die Bereiche „an Gesprächen teilnehmen" und „zusammenhängendes Sprechen" auf. Wird hier nun der qualitative Aspekt „Interaktion" des mündlichen Sprachgebrauches auf der Niveaustufe A2 betrachtet, kann festgestellt werden, dass der Sprecher zwar anzeigen kann, dass er etwas versteht, „aber [er] versteht kaum genug, um selbst das Gespräch in Gang zu halten" (Europäischer Rat 2001: 38). Aus diesem Grund muss der Schüler in der Kommunikation mithilfe geeigneter Methoden so unterstützt werden, dass eine Unterhaltung durchführbar wird.

Hierzu gibt K. Sommerfeldt (2012) in ihrem Kapitel *Schulung des Sprechens* einige methodische Beispiele zum dialogischen Sprechen, um kommunikative Grundsituationen zu bewältigen: Kommunikationskärtchen, Tandembögen, Flussdiagramme oder Kurzumfragen. Mit Hinblick auf das monologische Sprechen erwähnt sie u.a. die Klausurbogentechnik als eine Methode zur Vorbereitung längerer Redebeiträge. Auch in dem vorliegenden Beitrag findet diese Technik bei der Hinführung zum freien dialogischen Sprechen im beruflichen Kontext ihre Anwendung. Diese Vorgehensweise steht im Einklang mit dem Europäischem Referenzrahmen, laut dem die Schüler noch nicht in der Lage sind, ein Gespräch ohne Hilfe führen zu können. Eine angemessene Steuerung des Lernprozesses seitens des Unterrichtenden hält K. Sommerfeldt daher für unabdingbar. Zwar sollten die Schüler dabei nicht unter permanenter Kontrolle der Lehrkraft unterliegen, sondern sich vielmehr gegenseitig unterstützen und korrigieren, doch darf bei ihnen andererseits auch nicht der Eindruck entstehen, allein gelassen zu werden[iii]. Überdies ist es wichtig, durch sensible Intervention etwaige Fehler zu korrigieren bzw. zu vermeiden.

Ferner ist festzustellen, dass das freie dialogische Sprechen eine hohe Komplexität aufweist. Plikat (2006) weist diesbezüglich auf mehrere Faktoren hin, die bei einer Konversation essentiell sind:

„Antworten des Gesprächspartners, Unterbrechungen, Kommentare, Nachfragen, Themenwechsel, plötzlich auftretende sprachliche Schwierigkeiten, aber auch para- und extralinguistische Zeichen" (Plikat 2012: 5).

Diese Komplexität macht gerade bezogen auf den Anfangsunterricht eine didaktische Reduktion erforderlich. Infolgedessen ist es den Lehrenden beispielsweise möglich, vorformulierte Fragen auf dem Arbeitsbogen zu stellen, welche anschließend individuell beantwortet werden sollen. Hierzu wird von den Schülern zunächst ein Fließtext geschrieben, auf dessen Grundlage in einem zweiten Schritt nur wenige einzelne Stichpunkte notiert werden. Folglich ist eine individualisierte Konversation realisierbar.

Das Themengebiet *prácticas en una empresa* korrespondiert aufgrund des Praxisbezugs mit den Zielsetzungen des Beruflichen Gymnasiums. Es stellt eine thematische Schnittstelle zu den zunehmenden Kontakten junger Europäer mit der internationalen Berufswelt dar. Zudem gewinnt Spanisch als Geschäftssprache an zunehmender Bedeutung.

Die Schüler setzen sich in dieser Stunde aktiv mit den unterschiedlichen Phasen des Vorstellungsgesprächs auseinander, das dem Sprachniveau der Schüler entsprechend didaktisch reduziert worden ist. Dabei wird kein Anspruch auf Vollständigkeit erhoben. Auf diese Weise werden die Schüler befähigt, sich ein Bild von einem möglichen Vorstellungsgespräch auf Spanisch zu machen. Die in der Einheit *prácticas en una empresa* stets präsente fiktive Figur Pedro dient den Schülern als Orientierungshilfe und zur Unterstützung.

Curriculare Vorgaben und Leitgedanken: Auszug aus dem Lehrplan

Dem Unterricht liegt der Lehrplan für die Sekundarstufe II des Beruflichen Gymnasiums in Schleswig-Holstein in der aktuellen Fassung vom August 2008 zugrunde. Die im Folgenden vorgestellte Stunde zum Thema *Una entrevista de trabajo* bezieht sich auf den Kernbereich *Der Mensch in der Berufswelt und der Gesellschaft*[iv], wobei anhand eines berufsbezogenen Vorstellungsgespräches im Besonderen auf die Jugendlichen in Deutschland und den spanischsprachigen Ländern eingegangen wird. In der vorliegenden Stunde werden die Schüler mithilfe eines vorstrukturierten Vorstellungsgespräches progressiv an das freie dialogische Sprechen herangeführt.

Einordnung der Stunde in die Unterrichtssequenz

Die Unterrichtsreihe soll zu dem Themenkomplex *prácticas en una empresa* hinführen. Es ist ein Zeitraum von vier Wochen veranschlagt.

Unterrichtsstunden	Thema der Stunde
1 – 2	Einführung in die Berufswelt
3 – 4	Anschreiben
5 – 6	Lebenslauf
7 – 8	Lebenslauf II
9 – 10	Berufsknigge
11 – 12	**Una entrevista de trabajo – ein Vorstellungsgespräch**
13 – 14	Tag der Beruflichkeit – Einladung einer Expertin zum Thema Anschreiben, Lebenslauf und Vorstellungsgespräch (auf Deutsch)
15 – 16	Vergleich der Unterschiede zwischen Deutschland und Spanien

Geplanter Unterrichtsverlauf der Stunde *Una entrevista de trabajo* – ein Vorstellungsgespräch

Phase	Inhalt	Aktions-/ Sozialform	Medien
Einstieg	Hinführung zum Thema mithilfe eines Telefonates	LSG	Smartphone
Erarbeitung I	Kennenlernen der unterschiedlichen Phasen eines Vorstellungsgespräches	EA + PA + PL	AB I + II, PC, Smartphone
Erarbeitung II	Schreiben eines Dialoges mit anschließender Reduzierung auf einzelne Schlüsselwörter	PA	AB III, PC, Smartphone
Anwendung	Durchführung eines Telefongespräches	EA + PA	AB III + IV, PC, Smartphone
Didaktische Reserve	Vertiefung möglicher zusätzlicher Fragen	LSG	
Legende: AB = Arbeitsblatt; EA = Einzelarbeit; LSG = Lehrer-Schüler-Gespräch; PA = Partnerarbeit; PL = Plenum; PC = Computer			

Lernsituation/Stundeneinstieg: Ein Spanier ruft an!

Der Unterricht folgt dem Leitbild eines handlungs- und problemorientierten Lernens. In der Einstiegsphase wird eine problembehaftete Aufgabenstellung aus der Lebenswelt der Schüler vorgestellt. Zunächst werden die Schüler mit einem unerwarteten und tatsächlichen Anruf eines fiktiven Austauschschülers (eingeweihter Muttersprachler) konfrontiert. Hierbei soll die kognitive Aktivierung durch den Überraschungseffekt des plötzlichen Anrufs gelingen. Durch einen fragend-entwickelnden Unterricht werden die Schüler zum Thema des Vorstellungsgesprächs hingeleitet. Alternative: Sollte ein überraschender Anruf nicht möglich sein, kann das Telefongespräch auditiv oder mit Hilfe des Arbeitsblattes I (WhatsApp-Gespräch) gelingen.

Erarbeitung I: Wie ist ein Vorstellungsgespräch aufgebaut?

In der darauf aufbauenden ersten Erarbeitungsphase befassen sich die Schüler in Einzelarbeit (AB II) mit den unterschiedlichen Phasen eines Vorstellungsgespräches. Die Aufgabenstellung ist bewusst kleinschrittig gehalten, sodass diese Phase mithilfe von Symbolen ohne eine deutsche Übersetzung auskommt. Hierbei ist der Komplexitätsgrad absichtlich niedrig gehalten, sodass auch die Leistungsschwächeren ein Erfolgserlebnis haben und der überwiegend große Teil der Schüler dieses Aufgabenformat ohne Probleme lösen kann. In der anschließenden Share-Phase wird sich jeweils ein leistungsschwacher mit einem leistungsstarken Schüler über die Ergebnisse austauschen. Die Zuordnung wird mittels unterschiedlicher Farbkarten vorgenommen. Diese Phase soll vollständig auf Spanisch stattfinden, was durch die Hilfestellung *Comparar los resultados*[v] (AB III) gewährleistet wird. In der anschließenden Plenumsphase verwenden einige Schüler den Computer und ordnen die unterschiedlichen Fragmente mithilfe der Onlineplattform *Oncoo*[vi] zu.

Erarbeitung II: Einen Dialog schreiben und Schlüsselwörter erarbeiten

In der sich anschließenden zweiten Erarbeitungsphase arbeiten die Schüler binnendifferenziert, das heißt zwei leistungsstärkere Partner und zwei leistungsschwächere Partner arbeiten zusammen (AB IV, mittlere Spalte). Die Zuordnung wird diesmal mittels gleichfarbiger Farbkarten vorgenommen. Die leistungsschwächeren Schüler könnten die aufklappbare Hilfestellung (AB IV, linke Spalte) verwenden, damit sie mit Unterstützung auch zum Ziel gelangen. Die große Anzahl Schüler mittleren Niveaus orientiert sich an den Fragen aus Pedros Notizen (E-Mail). Die leistungsstarken Schüler können auch noch weitere Fragen in ihren Dialog aufnehmen. Somit wird hier den unterschiedlichen Lerntempi und Niveaustufen Rechnung getragen. Die Ergebnissicherung wird zum einen durch Hilfestellung der Lehrkraft und zum anderen durch das spätere Einsammeln und Korrigieren der Arbeitsergebnisse gewährleistet. In einem zweiten Schritt sollen die Schüler schließlich an das freie dialogische Sprechen herangeführt werden, indem jeder Schüler eine selbstgewählte Anzahl an Wörtern in die Schlüsselwörter-Spalte schreibt (AB IV, rechte Spalte). Auch hier ist die Binnendifferenzierung sichergestellt: Während die Leistungsschwächeren noch eine größere Anzahl von Wörtern benötigen, wählen die Leistungsstärken nur einige wenige Wörter aus.

Anwendungsphase: Es wird ernst – das freie dialogische Sprechen

In der Anwendungsphase bietet sich den Schülern die Möglichkeit, ihre selbstgeschriebenen Dialoge zu üben. Hierbei kann jeder einzelne Schüler individuell entscheiden, ob er sich noch an dem ausgeschriebenen Dialog orientiert oder an seinen eigenen Schlüsselwörtern. Sollte er merken, dass die Anzahl der Schlüsselwörter nicht ausreicht, kann er die Hilfestellung mit den Satzanfängen (AB IV, linke Spalte) auch in dieser Phase in Anspruch nehmen, indem er den verdeckten Teil des Arbeitsblattes aufklappt. In dieser Phase wird sich die Lehrkraft im Hintergrund halten, um den Schülern so die Möglichkeit zu geben, möglichst unbeobachtet zu arbeiten, und auf diese Weise etwaigen Sprechhemmungen entgegenzuwirken. In der Literatur wird diese Zurückhaltung auch als *Islas de Seguridad*[viii] bezeichnet. Die anschließende Sicherung erfolgt exemplarisch durch ein weiteres *Live*-Telefonat zweier Schüler mit dem fiktiven Austauschschüler Pedro aus Spanien. Hier kann die Lehrkraft alternativ selbst die Fragen stellen. Die zuhörenden Schüler bekommen einen Beobachtungsauftrag (AB V), der bewusst nur aus drei Fragen besteht, sodass sie aufmerksam zuhören und sich auf die wesentlichen Aspekte konzentrieren können. Dieser Beobachtungsauftrag wird im Anschluss im Lehrer-Schüler-Gespräch ausgewertet.

Binnendifferenzierung: Möglichkeiten der Unterstützung

Die Heterogenität der Lerngruppe ist auch in der zweiten Fremdsprache enorm und dieser Umstand erfordert eine binnendifferenzierte Arbeitsweise: einmal durch Hilfestellungen in Form von *Comparar los resultados* sowie eine didaktische Reserve für die schnelleren Lerner. Überdies kann bei der Erstellung des Dialoges eine unterschiedlich große Anzahl verschiedener Fragen gewählt werden, um so das Lerntempo entscheidend zu differenzieren. Zur Unterstützung der leistungsschwächeren Schüler dient auch der Arbeitsbogen mit ausgewählten Satzanfängen (klappbar). Er soll dazu beitragen, dass auch diese Schülergruppe am Unterrichtsende dem Ziel des freien dialogischen Sprechens näherkommt.

Auswertung und Fehlerkorrektur: Die Lehrkraft hält sich im Hintergrund

Der Beobachtungsauftrag wird im Anschluss im Lehrer-Schüler-Gespräch ausgewertet. Die Lehrkraft hält sich in der Stunde zurück, da es in Übereinstimmung mit A. Taubenböck erst einmal darum geht, die Schüler zum freien Sprechen zu bringen. Etwaige gravierende Verstöße hinsichtlich Lexik und Grammatik werden im Anschluss noch einmal thematisiert. Überdies wird der vorstrukturierte Arbeitsbogen eingesammelt und von der Lehrkraft korrigiert.

Fazit: Ein großes Erfolgserlebnis

Mithilfe der beschriebenen Methode haben die Schüler an Sicherheit gewonnen und die Angst vor dem freien dialogischen Sprechen sukzessiv verloren. Mit mehrmaligem Üben dieser Methode wurden immer weniger Stichpunkte zur Orientierung verwendet – nur im Notfall wurde auf den ausformulierten Text zurückgegriffen. Die Angst und das anfängliche Augenrollen wichen nach und nach einer zunehmenden Sicherheit – was bleibt, ist wachsende Begeisterung.

Anhang

Arbeitsblätter

---

[i] Aufgrund der Lesbarkeit wird in der vorliegenden Arbeit anstelle der Doppelnennung für männliche und weibliche Form die männliche Form verwendet. Nichtsdestotrotz sind immer Personen beiderlei Geschlechts gemeint.

[ii] Taubenböck 2007: 4.

[iii] Sommerfeldt 2017: 62.

[iv] Lehrplan für das Berufliche Gymnasium (BG): http://lehrplan.lernnetz.de/index.php?wahl=27 (Zugriff: 15.03.2020).

[v] Witz-Kaltenberg, P. (2012): ¡Qué hablen español! Ideen und Material zur Förderung der Zielsprache im Unterricht. Gefälligkeitsübersetzung: Sie sollen Spanisch sprechen. In: Mündlichkeit: Der fremdsprachliche Unterricht. 4(39), 10–16.

[vi] www.oncoo.de (Zugriff: 15.04.2020).

[vii] Wirtz-Kaltenberg, P. (2012): Eine mündliche Prüfung? – Was muss ich denn da alles können? Unterrichtliche Vorbereitung auf mündliche Prüfungen. In: Mündlichkeit: Der fremdsprachliche Unterricht. 4(39), 51–56.

¡Dígame!

¡Hola! ¿Está la profesora?

Sí. ¿Quién habla?

Pedro.

Pedrooo, ¡qué sorpresa!

¿Qué tal la clase?

Muy bien.

Me alegro mucho.

Oye. Mis alumnos de la clase terminan la escuela en un año y medio y algunos quieren hacer unas prácticas en España este verano. Pero no han hecho nunca una entrevista de trabajo y no sabemos cómo funciona una entrevista de trabajo.

Entiendo. Además, la entrevista de trabajo muchas veces es por teléfono.

Exacto. Hacer una entrevista de trabajo por teléfono no es fácil. ¿Puedes ayudarnos?

Claro que sí. He tenido una entrevista de trabajo esta semana. Y os mando mis notas por email sobre una entrevista de trabajo, ¿vale?

¡Estupendo! Muchas gracias.

Adiós.

⬆ Message   🎤

7

Las cinco fases de una entrevista de trabajo

Jefe de personal: ¿Dígame?
- Buenos días. Me llamo…

Jefe de personal: Puedes presentarte, ¿por favor?
- vivo en Valencia
- última clase de Bachillerato
- estudiar economía el próximo año
- idiomas: bien inglés y un poco de francés

Jefe de personal: ¿Por qué quieres hacer prácticas en una empresa inglesa?
- conocer una cultura nueva
- mejorar el idioma
- me dan muchas posibilidades
- conocer gente nueva

Jefe de personal: ¿Tienes todavía algunas preguntas?
- ¿Cuántas personas trabajan en mi equipo?

Jefe de personal: Bueno, vamos a pensarlo. Entonces hasta mañana.
- muchas gracias por
- espero su respuesta

Tarea 1: Escribe los cinco aspectos principales en los correspondientes campos.

Tarea 2: Ordena las diferentes descripciones con los aspectos principales.

5 🕐

Esa fase es para introducir la conversación.
Estas preguntas siguientes son posibles también:
- ¿Nos escuchas bien?
- ¿Estás bien?

En esa fase el jefe tiene preguntas.
Las preguntas siguientes pueden ser:
- ¿Cuáles son tus defectos?
- ¿Qué expectativas tienes?

En esa fase el candidato tiene la posibilidad de hacer preguntas.
Las preguntas siguientes del candidato pueden ser:
- ¿Cuántas horas trabajo al día?
- ¿Cuánto dinero gano en las prácticas?

En esa fase el candidato tiene la posibilidad de presentarse.
Las preguntas siguientes pueden ser:
- ¿Qué experiencia profesional tienes?

Esa fase es para terminar la conversación.
Las despedidas siguientes pueden ser:
- ¡Hasta mañana!

---

las preguntas del candidato
las preguntas del jefe
la despedida
la presentación del candidato
la conversación trivial

Las cinco fases de una entrevista de trabajo (Erwartungshorizont)

Jefe de personal: ¿Dígame?

- Buenos días. Me llamo…

Jefe de personal: Puedes presentarte, ¿por favor?

- vivo en Valencia
- última clase de Bachillerato
- estudiar economía el próximo año
- idiomas: bien inglés y un poco de francés

Jefe de personal: ¿Por qué quieres hacer prácticas en una empresa inglesa?

- conocer una cultura nueva
- mejorar el idioma
- me dan muchas posibilidades
- conocer gente nueva

Jefe de personal: ¿Tienes todavía algunas preguntas?

- ¿Cuántas personas trabajan en mi equipo?

Jefe de personal: Bueno, vamos a pensarlo. Entonces hasta mañana.

- muchas gracias por
- espero su respuesta

---

la conversación trivial

Esa fase es para introducir la conversación.

Estas preguntas siguientes son posibles también:

- ¿Nos escuchas bien?
- ¿Estás bien?

---

la presentación del candidato

En esa fase el jefe tiene preguntas.

Las preguntas siguientes pueden ser:

- ¿Cuáles son tus defectos?
- ¿Qué expectativas tienes?

---

las preguntas del jefe

En esa fase el candidato tiene la posibilidad de hacer preguntas.

Las preguntas siguientes del candidato pueden ser:

- ¿Cuántas horas trabajo al día?
- ¿Cuánto dinero gano en las prácticas?

---

las preguntas del candidato

En esa fase el candidato tiene la posibilidad de presentarse.

Las preguntas siguientes pueden ser:

- ¿Qué experiencia profesional tienes?

---

la despedida

Esa fase es para terminar la conversación.

Las despedidas siguientes pueden ser:

- ¡Hasta mañana!

Tarea 1: Escribe los cinco aspectos principales en los correspondientes campos.

Tarea 2: Ordena las diferentes descripciones con los aspectos principales.

5

---

las preguntas del candidato
las preguntas del jefe
la despedida
la presentación del candidato
la conversación trivial

Abbildung wurde aus urheberrechtlichen Gründen durch das Lektorat entfernt.

Ayuda	Diálogo	Palabras clave
Me llamo....	*Jefe de personal:* ¿Dígame?	
Vivo en.... Estoy en..... Hablo..... Mis hobbies son... Me gusta/n...	*Jefe de personal:* Puedes presentarte, ¿por favor?	
Quiero.... Me dan.... Me gusta.... 1	*Jefe de personal:* ¿Por qué quieres hacer prácticas en una empresa española?	
¿Cuántas personas...? ¿Cuántas horas...? ¿Cuánto dinero...? aspectos sobre experiencia, condiciones de trabajo, etc.	*Jefe de personal:* ¿Tienes todavía algunas preguntas?	
	Más preguntas:	
Muchas gracias por....	*Jefe de personal:* Bueno, vamos a pensarlo. Entonces hasta mañana.	

Ayuda	Diálogo	Palabras clave
Me llamo…	**Jefe de personal: ¿Dígame?**	¿Dígame?
	Buenos días, me llamo Nils.	Buenos días – me llamo….
Vivo en….	**Jefe de personal: Puedes presentarte, ¿por favor?**	poder - presentar
Estoy en…	Vivo en Kropp que está cerca de Hamburgo. Estoy en la clase 12 de BBZ	yo – Kropp. BBZ Schleswig
Hablo….	Schleswig. Hablo tres idiomas: perfectamente alemán, bastante bien	idiomas: alemán, inglés y español.
Mis hobbies son…	inglés y un poco de español. Tengo dos hermanos. Mis hobbies son jugar al	hermanos - hobbies
Me gusta/n…	fútbol y tocar la guitarra. Quiero estudiar economía el próximo año.	
Quiero….	**Jefe de personal: ¿Por qué quieres hacer prácticas en una empresa española?**	¿Por qué - hacer - prácticas?
Me dan….	Quiero hacer prácticas en una empresa española porque me gusta	Porque conocer cultura
Me gusta..	conocer una nueva cultura. Además, quiero mejorar el idioma y conocer	Mejorar idioma – conocer gente
12	gente nueva. También es una empresa internacional y me dan muchas	Empresa internacional – muchas posibilidades
	posibilidades.	
¿Cuántas personas….?	**Jefe de personal: ¿Tienes todavía algunas preguntas?**	Tener – pregunta
	¿Cuántas personas trabajan en mi equipo?	Personas – mi equipo
¿Cuántas horas…?	Jefe de personal: Son cinco personas en total. ¿Hay alguna pregunta	Jefe: Cinco personas. ¿Hay - pregunta – más?
	más?	
¿Cuánto dinero…?	¿Cuántas horas tengo que trabajar?	horas – trabajar
	Jefe de personal: Son siete horas al día de lunes a viernes.	Jefe: siete horas.
	Más preguntas: ¿Qué expectativas tienes?	¿Tener expectaciones?
aspectos sobre experiencia, condiciones de trabajo, etc.	Quiero aprender mucho y conocer una nueva cultura.	Aprender mucho – conocer – cultura
	¿Hay otros estudiantes que hacen prácticas en vuestra empresa?	¿Otros estudiantes – en vuestra empresa?
	Sí, muchos. Más o menos son 40.	40 estudiantes.
Muchas gracias por….	**Jefe de personal: Bueno, vamos a pensarlo. Entonces hasta mañana.**	Pensarlo - hasta.
	Muchas gracias por la entrevista. Espero su respuesta. Hasta mañana.	entrevista - respuesta

Nombre:

La hoja de observación

porque.... pretérito perfecto

Criterio	😊	😐	🙁	Comentarios:
Contenido/Estructura				
¿Ha respondido todas las preguntas adecuadamente?	- usar frases correctas - usar vocabulario del tema	- usar algunas frases correctas - usar vocabulario del tema a veces	- usar frases incorrectas - no usar vocabulario del tema	
Hablar de forma libre				
¿Ha hablado de forma libre?	- casi no mirar sus notas - hablar fluidamente	- mirar sus notas a veces - hablar fluidamente a veces	- mirar sus notas permanente - no hablar fluidamente	
Seguridad				
¿Ha sido seguro/a?	- hablar en voz alta	- hablar en voz alta a veces	- hablar en voz baja	

Literatur

Bürgens, G. et al. (2014): A_tope.com. Método de español. Berlin: Cornelsen Verlag.

Ministerium für Bildung und Frauen des Landes Schleswig-Holstein (2008) (Hrsg.): Lehrplan für die die Sekundarstufe II – Berufliches Gymnasium. [online: file:///C:/Users/Marco/AppData/Local/Packages/Microsoft.MicrosoftEdge_8wekyb3d8bbwe/TempSta te/Downloads/Spanisch_(BG)_(08_2008)%20(1).pdf, abgerufen am 26.03.2020]

Plikat, Jochen (2012): ¡Hable con ellos! Sprechkompetenz im Spanischunterricht gezielt fördern. Gefälligkeitsübersetzung: Sprechen Sie mit Ihnen. In: Mündlichkeit: Der fremdsprachliche Unterricht Spanisch. 4(39), 4-9.

Sommerfeldt, Kathrin. (2012): Spanisch Methodik. Handbuch für die Sekundarstufe I und II. Berlin: Cornelsen Verlag.

Taubenböck, A. Sprache kommt von Sprechen, In: Der fremdsprachliche Unterricht Englisch, Nr. 90/ 2007, S. 3.

Trim, John et al. (2001): Gemeinsamer europäischer Referenzrahmen für Sprachen: lernen, lehren, beurteilen. [online: http://student.unifr.ch/pluriling/assets/files/Referenzrahmen2001.pdf, abgerufen am 26.03.2020]

Vila Beleato, Manuel (2016): ¿Y ahora qué? Berlin: Cornelsen.

Wirtz-Kaltenberg, Petra (2012): Eine mündliche Prüfung? – Was muss ich denn da alles können. Unterrichtliche Vorbereitung auf mündliche Prüfungen. In: Mündlichkeit: Der fremdsprachliche Unterricht Spanisch. 4(39), 51-56.

Wirtz-Kaltenberg, Petra (2012): ¡Qué hablen español! Ideen und Material zur Förderung der Zielsprache im Unterricht. Gefälligkeitsübersetzung: Sie sollen Spanisch sprechen. In: Mündlichkeit: Der fremdsprachliche Unterricht Spanisch. 4(39), 10-16.